PRIER QUAND IL EST TROP TARD

Par

Dr. D. K. Olukoya

PRIER QUAND IL EST TROP TARD

© 2013 DR. D.K. OLUKOYA

Une publication des :
Ministères de la Montagne de Feu et des Miracles.
13, Olasimbo Street, off Olumo road (UNILAG second gate)
Onike, Iwaya. Lagos. Nigeria

ISBN: **978-0692491126**

Nous allons commencer ce message en examinant attentivement le livre de Luc chapitre 16 versets 19-30

¹⁹ Il y avait un homme riche, qui était vêtu de pourpre et de fin lin, et qui chaque jour menait joyeuse et brillante vie. ²⁰ Un pauvre, nommé Lazare, était couché à sa porte, couvert d'ulcères, ²¹ et désireux de se rassasier des miettes qui tombaient de la table du riche; et même les chiens venaient encore lécher ses ulcères. ²² Le pauvre mourut, et il fut porté par les anges dans le sein d'Abraham. Le riche mourut aussi, et il fut enseveli. ²³ Dans le séjour des morts, il leva les yeux; et, tandis qu'il était en proie aux tourments, il vit de loin Abraham, et Lazare dans son sein. ²⁴ Il s'écria: Père Abraham, aie pitié de moi, et envoie Lazare, pour qu'il trempe le bout de son doigt dans l'eau et me rafraîchisse la langue; car je

souffre cruellement dans cette flamme. [25] *Abraham répondit: Mon enfant, souviens-toi que tu as reçu tes biens pendant ta vie, et que Lazare a eu les maux pendant la sienne; maintenant il est ici consolé, et toi, tu souffres.* [26] *D'ailleurs, il y a entre nous et vous un grand abîme, afin que ceux qui voudraient passer d'ici vers vous, ou de là vers nous, ne puissent le faire.* [27] *Le riche dit: Je te prie donc, père Abraham, d'envoyer Lazare dans la maison de mon père; car j'ai cinq frères.* [28] *C'est pour qu'il leur atteste ces choses, afin qu'ils ne viennent pas aussi dans ce lieu de tourments.* [29] *Abraham répondit: Ils ont Moïse et les prophètes; qu'ils les écoutent.* [30] *Et il dit: Non, père Abraham, mais si quelqu'un des morts va vers eux, ils se repentiront.*

Quand Jésus dit qu'il y avait un homme riche, Il voulait dire que l'homme a réellement existé, ce n'était pas une parabole. Cet homme, selon Jésus, a vécu une bonne vie. Et il y avait aussi un pauvre, nommé Lazare, qui était boiteux et plein de plaies toujours à la porte de l'homme riche désireux de se rassasier des miettes qui tombaient de la table du riche. De plus, les chiens venaient encore lécher ses ulcères. Lazare était en compétition avec les chiens pour les miettes et après cela, ils léchaient sa plaie en plus. Quand le pauvre mourut, il fut porté par les anges dans le sein d'Abraham. Quand un chrétien mort rentre chez lui, le premier groupe de gens qu'il voit ne sera pas des démons, des maris spirituels, mascarades, etc., mais des anges du Dieu vivant, qui montent une garde d'honneur pour le conduire à la maison. "Le riche mourut aussi et fut enterré." Mais la Bible ne nous dit pas ce qui est arrivé au cadavre de Lazare.

L'homme riche devait avoir un enterrement en grande pompe, car la Bible à enregistré qu'il a été enseveli, mais il a fini dans la géhenne du feu après l'enterrement coûteux. « Il leva les yeux, étant dans les tourments et vit de loin Abraham, et Lazare dans son sein. Et il cria et dit: (Son premier sujet de prière): «Père Abraham, aie pitié de moi, (Mais le temps de la miséricorde avait disparu) et envoie Lazare, pour qu'il trempe le bout de son doigt dans l'eau et me rafraîchisse la langue car je suis tourmenté dans cette flamme. » Je sais que même un seau d'eau n'aurait pas résolu son problème. « Mais Abraham dit: Mon enfant, souviens-toi (C'est la chose la plus terrible du feu de l'enfer. Là-bas, les gens vont rappeler ce qu'ils ont fait avant d'arriver là) que tu as acheté des chaises pour l'église, sur laquelle tu étais assis toute dimanche que tu as eu le temps d'assister au culte. Tu n'as pas vraiment servi le Seigneur. Toutes les dames libres que tu as eu dans les rues, ce que tu leur as fait et ce qu'elles t'ont fait, la cigarette que tu fumais en cachette, les avortements que tu n'aimais pas vraiment la personne à qui tu souriais. Toutes ces choses viendront rapidement à ta mémoire. "Mon enfant, souviens, toi que tu as pendant ta vie, reçu tes bonnes choses, et que Lazare a eu du mal: mais maintenant il est ici consolé, et tu es tourmenté," ce qui signifie que bien que Dieu ne veuille pas qu'aucun croyant meure comme un pauvre, si tu dois mourir sans le sou pour faire le ciel, cela en vaudrait la peine, car l'éternité est plus que de l'argent et peu importe combien de temps vous passez ici, c'est un lieu de paix, de bonheur et de gloire dans l'éternité pour vous. Peu importe combien d'argent vous faites sur cette terre, si vous perdez l'éternité, la mémoire de l'argent ne vous tourmentera plus dans la géhenne du feu. Plus bas, à partir des versets 26-30, l'homme riche dans l'enfer a fait des demandes qui n'ont pas été accordées.

Il y a beaucoup de leçons que nous pouvons tirer de cette histoire:

1. Prier quand il est trop tard: L'homme riche a prié en retard comme les vierges folles. À ce stade, je voudrais que vous preniez ce sujet de prière:. "Je ne vais pas prier quand il est trop retard, au nom de Jésus. "

2. Utilisez votre argent et chaque occasion pour servir le Seigneur pendant que vous êtes encore en vie: Les richesses ne sont pas pour l'indulgence de soi. Elles ne sont

pas censées vous rendre orgueilleux ou arrogant. Ils sont pour vous permettre de servir le Seigneur, aider vos voisins et construire une belle maison pour vous-même dans le ciel. Beaucoup de gens mettent leur argent dans le désert où il ne peut pas produire de fruits. Lorsque vous déposez votre dîme dans une église où le pasteur a sept femmes et vous attendez à être bénis, vous ne gagnerez rien. Si vous attendez que Dieu ait pitié de vous parce que vous avez acheté une voiture pour un pasteur qui tente de commettre l'immoralité avec vous, vous avez semé dans le désert.

3. Donner aux nécessiteux: Nous devons apprendre à avoir pitié des pauvres, en particulier les pauvres parmi nous, chrétiens. Vous perdrez votre temps si

vous utilisez la richesse que Dieu vous a donnée pour aider une personne qui ne reconnait pas Jésus-Christ comme Seigneur.

Psaumes 41:1-4,

Au chef des chantres. Psaume de David, Heureux celui qui s'intéresse au pauvre! Au jour du malheur l'Éternel le délivre; L'Éternel le garde et lui conserve la vie. Il est heureux sur la terre, Et tu ne le livres pas au bon plaisir de ses ennemis. L'Éternel le soutient sur son lit de douleur; Tu le soulages dans toutes ses maladies.

Dans certaines églises, quand il est temps de prendre l'offrande pour les nécessiteux, les gens cherchent les plus sales billets, leurs vêtements les plus misérables et les choses qui n'ont plus de valeur pour eux à donner.

C'est très mauvais. Nous devons avoir pitié du pauvre. Lorsque vous voyez quelqu'un qui porte toujours la même chemise à l'église et vous avez de l'argent, vous devriez le donner à cette personne.

4. Rejeter et être indifférent à l'égard des choses de Dieu: Ceci est dangereux. L'homme riche dans notre histoire a dû entendre l'évangile un certain nombre de fois avant de mourir, mais il ne voulait rien entendre tout comme beaucoup de gens riches qui pensent aujourd'hui que les églises sont destinées uniquement à ceux qui sont pauvres. Celui qui n'est pas prêt à accepter et à écouter la parole de Dieu, quand elle s'adresse à lui sera perdu. Abraham a dit qu'ils avaient les lois et les prophètes, qu'ils les écoutent.

5. Il n'y a pas de seconde chance pour le salut après la mort: La mort n'annonce pas son arrivée. L'éternité ne peut être décidée après qu'une personne est décédée. La Bible dit qu'il n'y a pas de repentir dans la tombe. L'éternité est décidée ici sur la terre, et l'une des pires tragédies qui peuvent arriver à une personne c'est d'assister à une église vivante de son vivant et aller néanmoins en enfer. Si vous êtes dans une église où le pasteur et les membres appartiennent à une société secrète ou l'autre, alors il n'y a pas de problème car il est clair que tout le monde là-bas se dirige vers l'enfer. Mais quand vous venez à une église vivante et vous n'êtes pas sérieux avec Dieu, vous allez vous retrouver là où vous n'êtes pas censé vous retrouver. Quelles excuses allez-vous donner pour cela? Si vous

essayez de blâmer votre pasteur ou toute autre personne, vous perdriez votre temps, parce que tout le monde au trône du jugement, y compris le pasteur, sera responsable de ses actes.

6. Nos mauvais exemples peuvent être suivis par d'autres et il sera trop tard de les mettre en garde après la mort: C'est aussi une tragédie pour se soucier d'autrui quand il est trop tard. L'homme riche se souciait de ses frères après être arrivé en enfer et a vu comment c'était terrible. Donc tout ce que vous faites maintenant, que ce soit bon ou mauvais, sachez que quelqu'un, quelque part, vous regarde et que vous égarerez ou aiderez cette personne par vos actions. Vous serez également récompensé selon le rôle que vous avez joué. C'est peut-être la façon

dont vous parlez, vous habillez, marchez etc. Certaines sœurs soi-disant chrétiennes, qui portent des pantalons et des robes qui exposent tous les contours de leur corps se demandent pourquoi les maris spirituels, hommes mondains et occultes courent après elles. Ils courent après vous à cause de l'aimant mauvais qui les tire vers vous. Si vous vous comportez comme un véritable enfant de Dieu et il y a du feu de Dieu dans votre vie, un homme qui n'est pas né de nouveau ne peut pas courir après vous. Ce n'est pas possible.

7. **Les miracles de résurrection ne convaincront pas un pécheur impénitent:** Nous pouvons voir cela dans le cas de Lazare. Quand Jésus l'a ressuscité d'entre les morts, les Juifs n'étaient pas

convaincus, au contraire, ils ont lutté pour même tuer Lazare, afin que les gens ne croient pas en Jésus.

8. Prier la mauvaise personne: L'homme riche a prié Abraham au lieu de Dieu. Et Abraham ne pouvait pas l'aider. Certaines personnes prient des êtres humains ordinaires appelés «saints». La seule personne qui peut répondre aux prières, c'est Dieu. Par conséquent, prier quelqu'un d'autre, vivant ou mort, est inutile.

9. Prier pour les mauvaises choses: Quand vous priez pour les mauvaises choses, Dieu ne vous répondra pas. L'homme riche a prié pour l'eau ordinaire et sa demande a été refusée. L'homme n'est pas allé en enfer parce qu'il était riche,

mais parce qu'il a refusé de se repentir quand il était vivant. Ce n'est pas votre possession qui détermine l'endroit où vous allez quand vous mourez. Abraham était riche alors qu'il était sur la terre, mais maintenant il est dans les cieux. La différence entre lui et l'homme riche dans l'enfer réside dans leur cœur. Abraham a servi Dieu alors que l'homme riche a servi le diable. L'homme riche a refusé de se repentir. Il a endurci son cœur au message du Seigneur et les prophètes. Même ses richesses témoignaient contre lui quand il est arrivé au trône de jugement. Il a laissé sa fortune venir entre lui et son Dieu. Donc, quand vous endurcissez votre cœur contre Dieu à cause de vos richesses, vous ne faites que stocker des tourments pour vous-même dans l'éternité. Beaucoup de gens assimilent l'argent à la piété, et c'est faux. Si la richesse devait être le critère, alors des prophètes comme Jean le Baptiste et Elie n'auraient pas réussi.

La mort met fin à toutes les occasions de servir le Seigneur. Il est maintenant temps d'utiliser tout ce que Dieu a mis dans votre main pour Le servir et vous construire une maison ci-dessus. Il est maintenant temps de mettre votre trésor où il va durer. Alors qu'il était sur la terre, l'homme riche n'aurait pas permis à Lazare qui était toujours en lutte pour les miettes avec ses chiens de le toucher, mais dans le monde au-delà, son tourment était tellement terrible qu'il ne lui importait pas de savoir qui lui donnerait de l'eau pour refroidir sa soif. Ceux qui méprisent des chrétiens maintenant, feront bientôt face au jour où ils voudront une autre occasion de les voir. La douleur que les gens vont subir en enfer ne sera pas atténuée par un peu d'eau. Vous devez donc régler la question de l'éternité, maintenant que vous avez la possibilité de le faire.

Bien-aimés, les prières deviennent inutiles une fois qu'une personne est morte. Le lieu où il faut prier est sur la terre et le temps de prier est maintenant. Demain pourrait être éternellement trop tard. Une des raisons majeures pour lesquelles de nombreux chrétiens finiront comme l'homme riche est le manque d'être brisé. Dieu se spécialise dans l'utilisation de choses brisées. Si le nuage refuse de rompre, la pluie ne tombera pas. Si le sol ne se brise pas, les graines ne pousseront pas. Donc, si une personne refuse d'être brisée, la puissance de Dieu ne sortira de cette personne. Si nous refusons d'être brisés, Dieu ne peut pas éclater dans nos vies. Bien que d'un fond humble, Elie était un homme très puissant de Dieu parce qu'il s'est abandonné à Dieu. Elisée qui lui a succédé était d'une maison très riche, mais il n'a pas dédaigné Élie. Il était une personne brisée qui a abandonné la richesse de ses parents et a suivi le Seigneur.

Je connais une sœur qui vivait à Victoria Island, Lagos. Elle a acheté une voiture V-boot Mercedes Benz quand elle a été introduite dans ce pays pour la première fois. Un jour, alors qu'elle traversait le marché de Yaba, le Saint-Esprit a dit: «Ma fille, gare cette voiture ici maintenant, entre dans ce bus et prêche la bonne nouvelle. » La sœur dit: «je lie tout étranger qui me parle, au nom de Jésus », pensant que c'était le diable qui parlait. Le Saint-Esprit dit: «Tu ne peux pas

me lier, entre dans l'autobus et prêche."
Comme elle résistait encore à la voix de
Dieu, sa voiture s'est arrêtée et a refusé de
bouger. Certaines personnes l'ont aidée à la
pousser sur le côté. Puis, elle a sauté dans cet
autobus et a prêché la parole de Dieu pendant
quelque temps avant son retour à sa voiture.
Dès qu'elle est descendue de l'autobus, les
gens se sont rassemblés autour d'elle et l'ont
prié de leur dire plus sur le Seigneur Jésus-
Christ. Quand elle est rentrée dans sa
voiture, elle a redémarré. Si vous refusez
d'obéir aux instructions de Dieu parce que ce
qu'il dit n'est pas agréable pour vous, alors
oubliez la puissance.

Elisée a servi et humblement suivi Elie
partout où il allait, en dépit de ses origines et
Dieu l'a revêtu de la puissance à tel point que,
après sa mort, ses os avaient encore l'onction

de ressusciter les morts, parce qu'il était brisé. Cher lecteur, êtes-vous vraiment brisé? Si vous voulez aller au ciel, n'écoutez pas et ne participez pas aux ragots. N'écoutez pas quelqu'un qui ne peut pas soutenir ce qu'il dit avec des faits, car il vous enverra en enfer. Raconter des ragots ou écouter ceux qui en racontent sont des petits renards qui vont tirer tant de gens dans l'enfer. Un écrivain de chansons dit, «Il voit tout ce que vous faites et entend tout ce que vous dites. » Le Seigneur garde l'enregistrement de tout ce que nous faisons.

Rappelons-nous l'histoire de cet homme qui voulait voler des ignames des fermes des autres, et a demandé à ses quatre enfants de le suivre. Il a gardé un à l'avant, un à l'arrière, un à droite et l'autre par la gauche, pour l'aider à regarder et l'avertir quand quelqu'un allait venir. Les quatre enfants se sont installés à ces lieux et il a commencé à récolter les ignames d'autres personnes. Soudain, l'un des enfants a montré le ciel de son doigt et a demandé à son père: «Papa, qui va regarder cet endroit?" L'homme ne pouvait pas continuer parce qu'il savait que Dieu le surveillait.

LA POUVOIR ENVOUTANT DU PECHE

Le pouvoir envoûtant du péché a attrapé un si grand nombre. Psaume 51 verset 5 dit: «Voici, je suis né dans l'iniquité, et dans le péché ma mère m'a conçu.» Ce passage explique pourquoi personne n'a besoin d'enseigner à un enfant de dire des mensonges. Ces mauvaises choses sont ramassées des l'utérus. Nous sommes allés prier pour un homme et l'avons rencontré en train de donner une raclée sérieuse à son fils. Nous avons demandé pourquoi et il a dit, « Ne vous en faites pas pour ce garçon stupide, il fumait des brins de tapis, comme la cigarette. » Or l'homme lui-même était un gros fumeur. Si vous êtes un fumeur invétéré, vos enfants vont vous copier. C'est comme le cas d'un professeur de sciences bibliques qui fume la cigarette en dépit de sa riche connaissance de la Bible. Lorsqu'un médecin se livre à des choses alors qu'il sait qu'elles ne sont pas bonnes pour sa santé, c'est la puissance d'envoûtement. Beaucoup de gens sont appesantis par le péché, et comme Pierre, ils suivent le Seigneur de loin, ils n'entendent pas sa voix et Il ne leur parle pas.

Quiconque commet le péché blesse le cœur de Dieu. Soyez sage maintenant, afin de ne pas finir comme ce poisson auquel sa mère a dit de ne jamais aller après un don au-dessus de l'eau. Mais il pensait qu'il était malin et a essayé d'attraper un bon ver bien au-dessus de l'eau, et avant de savoir ce qui se passait, il a été rôti. Le diable cache l'hameçon, mais montre le ver. Beaucoup de gens courent après le ver sans se souvenir de l'hameçon. Il est dit que celui qui tombe dans une fosse, qui enseignera aux hommes une leçon, mais de nos jours, nous voyons des gens qui voient la fosse, et pourtant, ils marchent consciemment dans celle-ci.

Les repas du diable sont préparés comme des œufs dans un beignet. Il met de la farine à l'extérieur cache l'œuf mauvais à l'intérieur et dès que quelqu'un prend une bouchée, il ou elle est ensorcelé. Si vous ne vous délivrez pas de ce pouvoir envoûtant du péché, vous allez finir par prier quand il est trop tard. Ne soyez pas un guerrier de prière dans la tombe. Je sais qu'il y aura une séance de prière très puissante dans l'enfer, mais il sera trop tard. Vous et moi n'avons qu'une seule vie à vivre et ce que nous faisons avec elle ici déterminer ace qu'il adviendra de nous dans l'éternité. N'allez-vous pas passer le reste de votre vie à servir le Dieu vivant? Dites au Seigneur de réorganiser votre vie, afin qu'elle puisse être alignée à sa volonté.

SUJETS DE PRIERE

1. Je refuse d'être détruit par les petits renards qui ravagent la vigne, au nom de Jésus.
2. Ô Seigneur, réorganise ma vie selon ta volonté, au nom de Jésus.
3. Père céleste, laisse ton feu de réveil entrer dans mon esprit maintenant, au nom de Jésus.

4. Chaque agent du manquement d'être brisé dans ma vie, libère-moi maintenant, au nom de Jésus.

5. Ô Seigneur, réveille ma vie par ton feu, dans le nom de Jésus.

6. Ô Seigneur, transforme ma défaite à la victoire spirituelle, au nom de Jésus.

7. Que le vent de l'Esprit Saint tombe sur mon os mort, au nom de Jésus.

8. Ô Seigneur, que le manteau de votre pouvoir tombe sur moi maintenant, au nom de Jésus.

9. Chaque vêtement d'impuissance, sois rôti par le feu, au nom de Jésus.

10. (Placez votre main droite sur votre tête). Je mets au défi mon corps avec le feu du Saint-Esprit, au nom de Jésus.

11. Seigneur, prends-moi d'où je suis maintenant à l'endroit où tu veux que je sois, au nom de Jésus.

Ô Seigneur, je te remercie pour ce message. Ta parole dit que Tu ne tardes pas à tenir tes promesses, mais Tu es patient avec nous tous, ne voulant pas qu'aucun périsse, mais voulant que tous arrivent à la repentance. Seigneur, je prie pour que tous ceux qui liront ce message ne soient pas pris en défaut le Jour du Jugement, au nom de Jésus. Et ceux qui vont à l'église, mais l'église n'est pas vraiment entrée dans leurs esprits, mets Tes mains de feu sur eux, au nom de Jésus. Merci Père céleste. Toute maladie qui est entrée dans la vie de n'importe quel lecteur, lâche prise et disparaît, au nom de Jésus. Tout problème dans la vie de n'importe quel lecteur, tombe et meurs, au nom de Jésus. Merci Seigneur, dans le nom puissant de Jésus je prie.

Faites une alliance avec le Seigneur que vous n'allez pas rétrograder mais continuer à marcher dans la voie de la vérité.

MFM praise and worship songs

(louanges et chants d'adoration)

Que Dieu se lève!
Et ses ennemis se dispersent *(pauvreté, les problèmes, les maladies etc)* X3
Que Dieu   X2
Se lève!
Alléluia!
****

Plantations maléfiques
Sortez au nom de Jésus
Sortez!!!
****

Si je suis enfant de Dieu que le feu tombe !
****

Lève Toi oh Dieu lève Toi x2
Et combattre pour moi !
Lève Toi oh Dieu lève Toi x2
****

Elohim x2
Jéhovah! Tu es Dieu
Elohim x2
Jéhovah! Tu es Dieu
****

Dieu invisible   - infini
Dieu immortel - eternel
Dieu invisible -infini
Comme Tu es grand !
****

(En) vérité x2
Tu es bon
Jésus
Tu es Bon !
****

Tu es Alpha et Omega
Nous Te louons Seigneur
Tu es digne de louange
****

Sans doute Tu es Seigneur / mon Dieu x2
Sans doute x3
Infiniment x3
Tu es mon Dieu
****

Je vois toute chose
Avançant // Tournant en rond
Pour ma faveur.
****

Il est le Dieu de prodige x2
Il est Alpha et Omega
Il est le Dieu de Prodige

A PROPOS DU DR D.K. OLUKOYA

Le Dr. D.K. Olukoya est Pasteur principal et Superviseur Général des Ministères de la Montagnes de Feu et des Miracles et des Ministères du Cri de Guerre. Il est titulaire d'une licence de Microbiologie de l'Université de Lagos au Nigeria, et d'un **doctorat** dans le domaine de Génétique Moléculaire de l'Université de Reading, au Royaume Uni. Comme chercheur, il a plus de quatre-vingts publications à son actif.

Oint par Dieu, le Dr. Olukoya est un enseignant, un prophète, un évangéliste et un prédicateur de la Parole de Dieu. Sa vie et celle de sa femme, Shade, et leur fils, Elijah Toluwani, sont des preuves vivantes que tout pouvoir est à Dieu.

A PROPOS DU MINISTERE DE LA MONTAGNE DE FEU ET DES MIRACLES

Le **Ministère de la Montagne de Feu et des Miracles** (MFM) est un Ministère du Plein Evangile consacré au réveil des signes apostoliques, aux œuvres et miracles du Feu du Saint Esprit et à la démonstration illimitée de la puissance de Dieu à délivrer au-delà de toute mesure. On y enseigne ouvertement la Sainteté absolue à l'intérieur et à l'extérieur comme étant le plus grand désinfectant spirituel et une condition préalable pour aller au Ciel.

MFM est un Ministère Evangélique de " faites-le vous-même " où vos mains sont entraînées au combat et vos doigts à la bataille.

Brève histoire du Ministère de la Montagne de Feu et des Miracles

Le Ministère de la Montagne de Feu et des Miracles fut fondé en 1989. La première réunion s'était tenue au domicile du Dr. Olukoya, à laquelle avaient assisté 24 personnes. L'église a ensuite emménagé au N°60, Old Yaba Road, Lagos, puis au site de la Direction Générale actuelle, le 24 Avril 1994.

La Direction Générale du Ministère de la Montagne de Feu et des Miracles est la plus grande congrégation Chrétienne en Afrique capable de contenir plus de 200.000 fidèles en un seul culte.

Le **Ministère de la Montagne de Feu et des Miracles** (MFM) est un Ministère du Plein

Evangile consacré au réveil des signes apostoliques, aux œuvres et miracles du Feu du Saint Esprit et à la démonstration illimitée de la puissance de Dieu à délivrer au-delà de toute mesure. On y enseigne ouvertement la Sainteté absolue à l'intérieur et à l'extérieur comme étant le plus grand désinfectant spirituel et une condition préalable pour aller au Ciel.

MFM est un Ministère Evangélique de " *faites-le vous-même* " où vos mains sont entraînées au combat et vos doigts à la bataille.